BEAUTY BUSINESS

Der Weg zum wirtschaftlichen Erfolg

Ein umfassender Leitfaden für finanzielle
Unabhängigkeit und Geschäftserfolg.

Laura Dorsch

Inhalt

Einleitung 8

    Ziel des Leitfadens 8

    Warum Finanzmanagement wichtig ist 9

    Herausforderungen in der Beautybranche 9

    Ziele des Finanzmanagements 10

    Überblick über den Leitfaden 12

Kapitel 1 14

    GRUNDLAGEN DES FINANZMANAGEMENTS 14

    1.1 Definition und Ziele des Finanzmanagements 15

    1.2 Wichtige Begriffe des Finanzmanagements 15

    1.3 Die Rolle des Finanzmanagers 17

    1.4 Die Bedeutung der Finanzplanung 18

    1.5 Praktische Tipps für das Finanzmanagement 19

    Zusammenfassung 20

Kapitel 2 21

    BUDGETIERUNG UND PLANUNG 21

2.1 Die Bedeutung der Budgetierung 21

2.2 Schritte zur Erstellung eines Budgets 22

2.3 Monatliche und wöchentliche Planung 24

2.4 Einnahmen maximieren 25

2.5 Kostenkontrolle 26

2.6 Finanzielle Ziele setzen 28

2.7 Professionelle Hilfe in Anspruch nehmen ... 29

Zusammenfassung 30

Kapitel 3 31

Einnahmen und Ausgaben 31

3.1 Einnahmequellen 31

3.2 Ausgabenkategorien 33

3.3 Strategien zur Maximierung der Einnahmen 34

3.4 Kostenkontrolle und -reduzierung 36

3.5 Finanzielle Überwachung und Berichterstattung 37

3.6 Praktische Tipps zur Verwaltung von Einnahmen und Ausgaben 39

Zusammenfassung 40

Kapitel 4 41

LIQUIDITÄTSMANAGEMENT 41

4.1 Die Bedeutung der Liquidität 41

4.2 Cashflow-Management 42

4.3 Techniken zur Überwachung des Cashflows
.... 43

4.4 Strategien zur Optimierung des Cashflows 44

4.5 Finanzierungsmöglichkeiten zur Sicherstellung der Liquidität 46

4.6 Risikomanagement im Liquiditätsbereich .. 47

4.7 Praktische Tipps zur Sicherstellung der Liquidität 48

Zusammenfassung 49

Kapitel 5 51

FINANZIERUNGSMÖGLICHKEITEN 51

5.1 Eigenfinanzierung 52

5.2 Fremdfinanzierung 53

5.3 Kontokorrentkredit 54

5.4 Leasing 55

5.5 Factoring 56

5.6 Fördermittel und Zuschüsse 57

5.7 Crowdfunding 58

5.8 Auswahl der besten
Finanzierungsmöglichkeit 59

Zusammenfassung 61

Kapitel 7 62

STEUERN UND RECHTLICHE ASPEKTE 62

7.1 Steuerliche Pflichten 63

7.2 Steuerliche Vorteile und Abzüge 64

7.3 Rechtliche Rahmenbedingungen 66

7.4 Verträge und Vereinbarungen 67

7.5 Datenschutz und Datensicherheit 69

7.6 Versicherungen 70

7.7 Praktische Tipps zur Einhaltung der
Vorschriften 71

Zusammenfassung 72

Kapitel 8 74

STRATEGISCHE PLANUNG UND WACHSTUM 74

8.1 Die Bedeutung der strategischen Planung 74

8.2 Schritte der strategischen Planung 75

8.3 Wachstumsstrategien 77

8.4 Umsetzung der Wachstumsstrategien 79

8.5 Risikomanagement 80

8.6 Erfolgsfaktoren für nachhaltiges Wachstum
.... 81

8.7 Praktische Tipps zur strategischen Planung
und Wachstum 83

Zusammenfassung 84

Schlusswort 85

Bedeutung der Umsetzung 85

Ausblick auf die Zukunft 87

Schlussgedanken 89

Zusammenfassung 89

Einleitung

Ziel des Leitfadens

Willkommen zu unserem umfassenden Leitfaden zum Finanzmanagement für Beauty-Profis! Dieser Leitfaden wurde speziell für Kosmetik- und Nagelstudios entwickelt, um Ihnen zu helfen, Ihre Finanzen effektiv zu verwalten und Ihr Geschäft auf ein solides finanzielles Fundament zu stellen.

Egal, ob Sie gerade erst in der Branche starten oder bereits ein etabliertes Studio führen - dieser Leitfaden bietet wertvolle Einblicke und praktische Tipps, um Ihre finanzielle Gesundheit zu verbessern.

Warum Finanzmanagement wichtig ist

In der Beautybranche, wie in jeder anderen Branche, ist ein effektives Finanzmanagement entscheidend für den langfristigen Erfolg. Es geht nicht nur darum, Einnahmen und Ausgaben zu überwachen, sondern auch darum, strategische Entscheidungen zu treffen, die das Wachstum und die Rentabilität Ihres Unternehmens fördern. Ein gutes Finanzmanagement hilft Ihnen, finanzielle Engpässe zu vermeiden, Investitionen zu planen und sicherzustellen, dass Ihr Studio jederzeit zahlungsfähig bleibt.

Herausforderungen in der Beautybranche

Die Beautybranche steht vor einzigartigen Herausforderungen, wenn es um Finanzmanagement geht. Saisonale Schwankungen, wechselnde Trends und die Notwendigkeit, ständig in neue Produkte und Technologien zu investieren, können die finanzielle Planung erschweren. Darüber hinaus ist es wichtig, die richtigen Preise für Ihre Dienstleistungen festzulegen, um wettbewerbsfähig zu bleiben und gleichzeitig profitabel zu sein.

Ziele des Finanzmanagements

Die Hauptziele des Finanzmanagements in Ihrem Beauty-Studio sind:

1. **Sicherung der Liquidität**: Stellen Sie sicher, dass Ihr Studio jederzeit über genügend liquide Mittel verfügt, um laufende Kosten zu decken und unerwartete Ausgaben zu bewältigen.

2. **Rentabilität steigern**: Optimieren Sie Ihre Einnahmen und reduzieren Sie unnötige Ausgaben, um die Rentabilität Ihres Studios zu maximieren.

3. **Finanzielle Stabilität**: Schaffen Sie eine solide finanzielle Basis, die es Ihnen ermöglicht, langfristige Investitionen zu tätigen und Ihr Geschäft nachhaltig zu führen.

4. **Risikomanagement**: Identifizieren und bewältigen Sie finanzielle Risiken, um Ihr Studio vor potenziellen Bedrohungen zu schützen.

Überblick über den Leitfaden

Dieser Leitfaden ist in mehrere Kapitel unterteilt, die jeweils einen wichtigen Aspekt des Finanzmanagements abdecken. Wir beginnen mit den Grundlagen und arbeiten uns zu fortgeschritteneren Themen vor. Jedes Kapitel enthält praktische Tipps, Beispiele aus der Praxis und Checklisten, die Ihnen helfen, das Gelernte sofort in die Tat umzusetzen.

- **Kapitel 1: Grundlagen des Finanzmanagements**: Einführung in die wichtigsten Begriffe und Konzepte.

- **Kapitel 2: Budgetierung und Planung**: Wie Sie ein effektives Budget erstellen und Ihre Finanzen planen.

- **Kapitel 3: Einnahmen und Ausgaben**: Strategien zur Maximierung Ihrer Einnahmen und Kontrolle Ihrer Ausgaben.

- **Kapitel 4: Liquiditätsmanagement**: Techniken zur Sicherstellung der Zahlungsfähigkeit Ihres Studios.

- **Kapitel 5: Finanzierungsmöglichkeiten**: Überblick über verschiedene Finanzierungsquellen und deren Vor- und Nachteile.

- **Kapitel 6: Finanzielle Analyse und Berichterstattung**: Wie Sie Ihre finanzielle Leistung überwachen und analysieren.

- **Kapitel 7: Steuern und rechtliche Aspekte**: Wichtige steuerliche und rechtliche Überlegungen für Ihr Studio.

- **Kapitel 8: Tipps und Best Practices**: Erfolgsstrategien und bewährte Methoden aus der Praxis.

Kapitel 1

Grundlagen des Finanzmanagements

Einführung

Das Finanzmanagement ist das Herzstück jedes erfolgreichen Unternehmens, einschließlich Kosmetik- und Nagelstudios. Es umfasst die Planung, Steuerung und Überwachung aller finanziellen Aktivitäten, um sicherzustellen, dass das Unternehmen seine Ziele erreicht und finanziell gesund bleibt. In diesem Kapitel werden wir die grundlegenden Konzepte und Begriffe des Finanzmanagements vorstellen, die für das Verständnis und die Anwendung in Ihrem Studio unerlässlich sind.

1.1 Definition und Ziele des Finanzmanagements

1.2 Wichtige Begriffe des Finanzmanagements

Um die Grundlagen des Finanzmanagements zu verstehen, ist es wichtig, einige grundlegende Begriffe zu kennen:

- **Liquidität**: Die Fähigkeit eines Unternehmens, seine kurzfristigen Verbindlichkeiten zu begleichen. Eine hohe Liquidität bedeutet, dass das Unternehmen jederzeit zahlungsfähig ist.

- **Rentabilität**: Das Verhältnis von Gewinn zu Umsatz oder Kapital. Es zeigt, wie effizient ein Unternehmen seine Ressourcen nutzt, um Gewinne zu erzielen.

- **Cashflow**: Der Nettozufluss und -abfluss von Zahlungsmitteln in einem bestimmten Zeitraum. Ein positiver Cashflow bedeutet, dass mehr Geld in das Unternehmen fließt als hinausgeht.

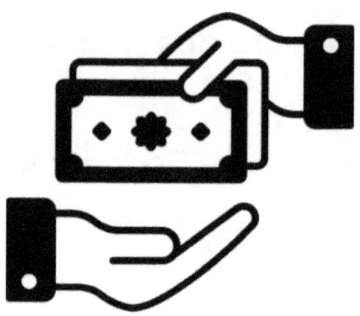

- **Eigenkapital**: Das Kapital, das den Eigentümern eines Unternehmens gehört. Es ist der Unterschied zwischen den Vermögenswerten und den Verbindlichkeiten des Unternehmens.

- **Fremdkapital**: Kapital, das von externen Quellen, wie Banken oder Investoren, geliehen wird. Es muss zu einem späteren Zeitpunkt zurückgezahlt werden.

1.3 Die Rolle des Finanzmanagers

In einem Kosmetik- oder Nagelstudio übernimmt der Inhaber oft die Rolle des Finanzmanagers. Diese Rolle umfasst eine Vielzahl von Aufgaben, darunter:

- **Budgetierung**: Erstellung und Überwachung des Budgets, um sicherzustellen, dass die finanziellen Ziele erreicht werden.

- **Buchhaltung**: Aufzeichnung aller finanziellen Transaktionen, um eine genaue und aktuelle Übersicht über die finanzielle Lage des Unternehmens zu haben.

- **Finanzanalyse**: Analyse der finanziellen Daten, um die Leistung des Unternehmens zu bewerten und fundierte Entscheidungen zu treffen.

- **Risikomanagement**: Identifizierung und Bewältigung potenzieller finanzieller Risiken, um das Unternehmen zu schützen.

1.4 Die Bedeutung der Finanzplanung

Eine sorgfältige Finanzplanung ist entscheidend für den Erfolg eines Kosmetik- oder Nagelstudios. Sie umfasst die Erstellung eines detaillierten Plans für die Einnahmen und Ausgaben des Unternehmens, um sicherzustellen, dass die finanziellen Ziele erreicht werden. Eine gute Finanzplanung hilft, finanzielle Engpässe zu vermeiden, Investitionen zu planen und das Wachstum des Unternehmens zu fördern.

1.5 Praktische Tipps für das Finanzmanagement

Hier sind einige praktische Tipps, die Ihnen helfen können, das Finanzmanagement in Ihrem Studio zu verbessern:

- **Regelmäßige Überprüfung**: Überprüfen Sie regelmäßig Ihre finanziellen Daten, um sicherzustellen, dass Sie auf dem richtigen Weg sind und um frühzeitig auf Probleme reagieren zu können.

- **Kostenkontrolle**: Achten Sie darauf, Ihre Ausgaben im Auge zu behalten und unnötige Kosten zu vermeiden.

- **Einnahmen maximieren**: Suchen Sie nach Möglichkeiten, Ihre Einnahmen zu steigern, z.B. durch zusätzliche Dienstleistungen oder Produktverkäufe.

- **Finanzielle Ziele setzen**: Setzen Sie sich klare finanzielle Ziele und arbeiten Sie systematisch darauf hin.

- **Professionelle Hilfe**: Ziehen Sie in Erwägung, einen Finanzberater oder Buchhalter zu konsultieren, um sicherzustellen, dass Ihre Finanzen in guten Händen sind.

Zusammenfassung

Das Verständnis der Grundlagen des Finanzmanagements ist der erste Schritt, um Ihr Kosmetik- oder Nagelstudio finanziell erfolgreich zu führen. In den folgenden Kapiteln werden wir tiefer in spezifische Themen eintauchen und Ihnen praktische Werkzeuge und Techniken an die Hand geben, um Ihre finanziellen Ziele zu erreichen.

Kapitel 2

BUDGETIERUNG UND PLANUNG

Einführung

Eine sorgfältige Budgetierung und Planung sind entscheidend für den finanziellen Erfolg eines Kosmetik- oder Nagelstudios. In diesem Kapitel werden wir die Grundlagen der Budgetierung erläutern, praktische Tipps zur Erstellung eines Budgets geben und zeigen, wie Sie Ihre Finanzen effektiv planen können, um Ihre Geschäftsziele zu erreichen.

2.1 Die Bedeutung der Budgetierung

Budgetierung ist der Prozess der Erstellung eines Plans für die Einnahmen und Ausgaben eines Unternehmens über einen bestimmten Zeitraum. Ein gut durchdachtes Budget hilft Ihnen, Ihre finanziellen Ressourcen effizient zu nutzen, finanzielle Engpässe zu vermeiden und sicherzustellen, dass Sie Ihre finanziellen Ziele erreichen. Es bietet auch eine Grundlage für die Überwachung und Kontrolle Ihrer Finanzen.

2.2 Schritte zur Erstellung eines Budgets

Die Erstellung eines Budgets kann in mehrere Schritte unterteilt werden:

1. **Ziele festlegen**: Definieren Sie klare finanzielle Ziele für Ihr Studio. Diese können kurzfristige Ziele (z.B. monatliche

Einnahmen) und langfristige Ziele (z.B. jährliche Gewinne) umfassen.

2. **Einnahmen schätzen**: Schätzen Sie Ihre erwarteten Einnahmen für den Budgetzeitraum. Berücksichtigen Sie dabei alle Einnahmequellen, wie Behandlungen, Produktverkäufe und andere Dienstleistungen.

3. **Ausgaben erfassen**: Listen Sie alle erwarteten Ausgaben auf, einschließlich fixer Kosten (z.B. Miete, Gehälter) und variabler Kosten (z.B. Verbrauchsmaterialien, Marketing).

4. **Budget erstellen**: Erstellen Sie ein detailliertes Budget, das Ihre geschätzten Einnahmen und Ausgaben für den Budgetzeitraum umfasst. Stellen Sie sicher, dass Ihre Ausgaben die Einnahmen nicht übersteigen.

5. **Überwachung und Anpassung**: Überwachen Sie regelmäßig Ihre tatsächlichen Einnahmen und Ausgaben und vergleichen Sie diese mit Ihrem Budget. Passen Sie Ihr Budget bei Bedarf an, um auf Veränderungen zu reagieren.

2.3 Monatliche und wöchentliche Planung

Neben der Erstellung eines Jahresbudgets ist es wichtig, auch monatliche und wöchentliche Pläne zu erstellen. Diese helfen Ihnen, Ihre Finanzen regelmäßig zu überprüfen und sicherzustellen, dass Sie auf dem richtigen Weg sind:

- **Monatliche Planung**: Erstellen Sie am Anfang jedes Monats einen Plan für die erwarteten Einnahmen und Ausgaben. Überprüfen Sie am Ende des Monats Ihre tatsächlichen Zahlen und passen Sie Ihren Plan bei Bedarf an.

- **Wöchentliche Planung**: Erstellen Sie jede Woche einen detaillierten Plan für die Einnahmen und Ausgaben. Dies hilft Ihnen, kurzfristige finanzielle Engpässe zu vermeiden und sicherzustellen, dass Sie Ihre monatlichen Ziele erreichen.

2.4 Einnahmen maximieren

Um Ihre Einnahmen zu maximieren, sollten Sie verschiedene Strategien in Betracht ziehen:

- **Zusätzliche Dienstleistungen**: Bieten Sie zusätzliche Dienstleistungen an, die Ihre Kunden interessieren könnten. Dies könnte z.B. eine neue Behandlung oder ein spezielles Paket sein.

- **Produktverkäufe**: Verkaufen Sie hochwertige Kosmetikprodukte in Ihrem Studio. Dies kann eine zusätzliche

Einnahmequelle sein und gleichzeitig den Kundenservice verbessern.

- **Kundenbindung**: Entwickeln Sie Programme zur Kundenbindung, wie z.B. Treueprogramme oder Rabatte für Stammkunden. Zufriedene Kunden kommen eher wieder und empfehlen Ihr Studio weiter.

2.5 Kostenkontrolle

Die Kontrolle Ihrer Ausgaben ist ebenso wichtig wie die Maximierung Ihrer Einnahmen. Hier sind einige Tipps zur Kostenkontrolle:

- **Verbrauchsmaterialien**: Überwachen Sie den Verbrauch von Materialien und versuchen Sie, Verschwendung zu vermeiden. Kaufen Sie in größeren Mengen ein, um von Mengenrabatten zu profitieren.

- **Fixkosten reduzieren**: Überprüfen Sie regelmäßig Ihre fixen Kosten und suchen Sie nach Möglichkeiten, diese zu reduzieren. Dies könnte z.B. durch Verhandlungen mit Lieferanten oder die Suche nach günstigeren Alternativen geschehen.

- **Effizienz steigern**: Optimieren Sie Ihre Arbeitsabläufe, um die Effizienz zu steigern und Kosten zu senken. Dies könnte durch Schulungen für Ihre Mitarbeiter oder die Einführung neuer Technologien geschehen.

2.6 Finanzielle Ziele setzen

Das Setzen klarer finanzieller Ziele ist entscheidend für den Erfolg Ihres Studios. Diese Ziele sollten spezifisch, messbar, erreichbar, relevant und zeitgebunden (**SMART**) sein:

- **Spezifisch**: Definieren Sie genau, was Sie erreichen möchten. Anstatt z.B. "mehr Einnahmen" zu generieren, setzen Sie ein konkretes Ziel wie "10% Umsatzsteigerung im nächsten Quartal".

- **Messbar**: Stellen Sie sicher, dass Sie Ihre Fortschritte messen können. Verwenden Sie

Kennzahlen wie Umsatz, Gewinn oder Anzahl der Kunden.

- **Erreichbar**: Setzen Sie realistische Ziele, die mit den verfügbaren Ressourcen und Fähigkeiten erreichbar sind.

- **Relevant**: Stellen Sie sicher, dass Ihre Ziele relevant für Ihr Geschäft sind und zu Ihren langfristigen Zielen beitragen.

- **Zeitgebunden**: Setzen Sie klare Fristen für die Erreichung Ihrer Ziele.

2.7 Professionelle Hilfe in Anspruch nehmen

Wenn Sie sich unsicher fühlen oder Unterstützung benötigen, zögern Sie nicht, professionelle Hilfe in Anspruch zu nehmen. Ein Finanzberater oder Buchhalter kann Ihnen helfen, Ihr Budget zu erstellen, Ihre Finanzen zu überwachen und fundierte Entscheidungen zu treffen. Dies kann besonders hilfreich sein, wenn Sie komplexe finanzielle Herausforderungen bewältigen müssen.

Zusammenfassung

Eine sorgfältige Budgetierung und Planung sind entscheidend für den finanziellen Erfolg Ihres Kosmetik- oder Nagelstudios. Durch die Erstellung eines detaillierten Budgets, die regelmäßige Überprüfung Ihrer Finanzen und die Umsetzung von Strategien zur Maximierung Ihrer Einnahmen und Kontrolle Ihrer Ausgaben können Sie sicherstellen, dass Ihr Studio finanziell gesund bleibt und wächst. In den folgenden Kapiteln werden wir tiefer in spezifische Themen eintauchen und Ihnen weitere praktische Werkzeuge und Techniken an die Hand geben, um Ihre finanziellen Ziele zu erreichen.

Kapitel 3

EINNAHMEN UND AUSGABEN

Einführung

Das Verständnis und die Verwaltung von Einnahmen und Ausgaben sind entscheidend für den finanziellen Erfolg eines Kosmetik- oder Nagelstudios. In diesem Kapitel werden wir die verschiedenen Einnahmequellen und Ausgabenkategorien untersuchen, Strategien zur Maximierung der Einnahmen und Kontrolle der Ausgaben vorstellen und praktische Tipps zur Verwaltung Ihrer Finanzen geben.

3.1 Einnahmequellen

Die Einnahmen eines Kosmetik- oder Nagelstudios stammen aus verschiedenen Quellen. Es ist wichtig, diese Einnahmequellen zu identifizieren und zu maximieren, um die Rentabilität Ihres Studios zu steigern:

- **Behandlungen**: Die Haupteinnahmequelle sind die angebotenen Behandlungen, wie Gesichtsbehandlungen, Massagen, Maniküre und Pediküre. Es ist wichtig, eine breite Palette von Dienstleistungen anzubieten, um verschiedene Kundenbedürfnisse zu erfüllen.

- **Produktverkäufe**: Der Verkauf von Kosmetikprodukten kann eine bedeutende zusätzliche Einnahmequelle sein. Stellen Sie sicher, dass Sie hochwertige Produkte anbieten, die Ihre Kunden interessieren.

- **Spezielle Angebote und Pakete**: Bieten Sie spezielle Angebote oder Pakete an, um Kunden zu ermutigen, mehrere Dienstleistungen in Anspruch zu nehmen. Dies kann auch dazu beitragen, die Kundenbindung zu erhöhen.

- **Geschenkgutscheine**: Der Verkauf von Geschenkgutscheinen kann eine weitere Einnahmequelle sein und gleichzeitig neue Kunden in Ihr Studio bringen.

3.2 Ausgabenkategorien

Die Ausgaben eines Kosmetik- oder Nagelstudios lassen sich in verschiedene Kategorien einteilen. Es ist wichtig, diese Ausgaben im Auge zu behalten und zu kontrollieren, um die Rentabilität zu maximieren:

- **Fixkosten**: Diese Kosten bleiben unabhängig von der Geschäftstätigkeit konstant. Dazu gehören Miete, Gehälter, Versicherungen und Lizenzgebühren.

- **Variable Kosten**: Diese Kosten variieren je nach Geschäftstätigkeit. Dazu gehören Verbrauchsmaterialien, Marketingkosten und Stromrechnungen.

- **Einmalige Kosten**: Diese Kosten treten unregelmäßig auf und können größere Investitionen umfassen, wie z.B. die Anschaffung neuer Geräte oder Renovierungen.

3.3 Strategien zur Maximierung der Einnahmen

Um die Einnahmen Ihres Studios zu maximieren, können Sie verschiedene Strategien anwenden:

- **Preisanpassungen**: Überprüfen Sie regelmäßig Ihre Preise und passen Sie sie an, um sicherzustellen, dass sie wettbewerbsfähig und rentabel sind.

Berücksichtigen Sie dabei die Kosten für Materialien und Arbeitszeit.

- **Zusatzverkäufe**: Schulen Sie Ihr Personal darin, Zusatzverkäufe zu tätigen, indem sie Kunden auf ergänzende Produkte oder Dienstleistungen hinweisen.

- **Kundenbindung**: Entwickeln Sie Programme zur Kundenbindung, wie z.B. Treueprogramme oder Rabatte für Stammkunden. Zufriedene Kunden kommen eher wieder und empfehlen Ihr Studio weiter.

- **Marketing und Werbung**: Nutzen Sie verschiedene Marketingkanäle, um neue Kunden zu gewinnen und bestehende Kunden zu binden. Dazu gehören Social Media, E-Mail-Marketing und lokale Werbung.

3.4 Kostenkontrolle und -reduzierung

Die Kontrolle und Reduzierung der Ausgaben ist ebenso wichtig wie die Maximierung der Einnahmen. Hier sind einige Strategien zur Kostenkontrolle:

- **Effiziente Nutzung von Ressourcen**: Überwachen Sie den Verbrauch von Materialien und versuchen Sie, Verschwendung zu vermeiden. Kaufen Sie in größeren Mengen ein, um von Mengenrabatten zu profitieren.

- **Verhandlungen mit Lieferanten**: Verhandeln Sie regelmäßig mit Ihren Lieferanten, um bessere Preise und Konditionen zu erhalten.

- **Optimierung der Arbeitsabläufe**: Überprüfen Sie Ihre Arbeitsabläufe und suchen Sie nach Möglichkeiten, die Effizienz zu steigern und Kosten zu senken. Dies könnte durch Schulungen für Ihre Mitarbeiter oder die Einführung neuer Technologien geschehen.

3.5 Finanzielle Überwachung und Berichterstattung

Eine regelmäßige Überwachung und Berichterstattung Ihrer Finanzen ist entscheidend, um sicherzustellen, dass Sie auf dem richtigen

Weg sind und frühzeitig auf Probleme reagieren können:

- **Monatliche Berichte**: Erstellen Sie monatliche Berichte, die Ihre Einnahmen und Ausgaben detailliert aufschlüsseln. Vergleichen Sie diese mit Ihrem Budget, um Abweichungen zu identifizieren und Maßnahmen zu ergreifen.

- **Kennzahlenanalyse**: Verwenden Sie finanzielle Kennzahlen, um die Leistung Ihres Studios zu bewerten. Wichtige Kennzahlen sind z.B. die Gewinnmarge, der Deckungsbeitrag und der Cashflow.

- **Regelmäßige Überprüfung**: Überprüfen Sie regelmäßig Ihre finanziellen Daten und passen Sie Ihre Strategien bei Bedarf an, um sicherzustellen, dass Sie Ihre finanziellen Ziele erreichen.

3.6 Praktische Tipps zur Verwaltung von Einnahmen und Ausgaben

Hier sind einige praktische Tipps, die Ihnen helfen können, Ihre Einnahmen und Ausgaben effektiv zu verwalten:

- **Trennung von Geschäft und Privat**: Stellen Sie sicher, dass Sie Ihre geschäftlichen und privaten Finanzen getrennt halten. Dies erleichtert die Buchhaltung und hilft, den Überblick zu behalten.

- **Automatisierung**: Nutzen Sie Buchhaltungssoftware, um Ihre Finanzen zu verwalten und Berichte zu erstellen. Dies spart Zeit und reduziert das Risiko von Fehlern.

- **Regelmäßige Schulungen**: Schulen Sie Ihr Personal regelmäßig in den Bereichen Kundenservice, Verkaufstechniken und Kostenkontrolle. Gut geschultes Personal kann einen großen Beitrag zur Rentabilität Ihres Studios leisten.

Zusammenfassung

Das Verständnis und die Verwaltung von Einnahmen und Ausgaben sind entscheidend für den finanziellen Erfolg Ihres Kosmetik- oder Nagelstudios. Durch die Identifizierung und Maximierung Ihrer Einnahmequellen, die Kontrolle Ihrer Ausgaben und die regelmäßige Überwachung Ihrer Finanzen können Sie sicherstellen, dass Ihr Studio finanziell gesund bleibt und wächst. In den folgenden Kapiteln werden wir tiefer in spezifische Themen eintauchen und Ihnen weitere praktische Werkzeuge und Techniken an die Hand geben, um Ihre finanziellen Ziele zu erreichen.

Kapitel 4

LIQUIDITÄTSMANAGEMENT

Einführung

Liquiditätsmanagement ist ein entscheidender Aspekt des Finanzmanagements, der sicherstellt, dass Ihr Kosmetik- oder Nagelstudio jederzeit über genügend liquide Mittel verfügt, um laufende Kosten zu decken und unerwartete Ausgaben zu bewältigen. In diesem Kapitel werden wir die Bedeutung der Liquidität erläutern, Techniken zur Überwachung und Optimierung des Cashflows vorstellen und praktische Tipps zur Sicherstellung der Zahlungsfähigkeit geben.

4.1 Die Bedeutung der Liquidität

Liquidität bezieht sich auf die Fähigkeit eines Unternehmens, seine kurzfristigen

Verbindlichkeiten zu begleichen. Eine hohe Liquidität bedeutet, dass das Unternehmen jederzeit zahlungsfähig ist und finanzielle Engpässe vermeiden kann. Ohne ausreichende Liquidität kann ein Unternehmen schnell in finanzielle Schwierigkeiten geraten, selbst wenn es insgesamt profitabel ist.

4.2 Cashflow-Management

Der Cashflow ist der Nettozufluss und -abfluss von Zahlungsmitteln in einem bestimmten Zeitraum. Das Cashflow-Management umfasst die Überwachung und Steuerung dieser Geldströme, um sicherzustellen, dass das Unternehmen jederzeit über genügend liquide Mittel verfügt.

4.3 Techniken zur Überwachung des Cashflows

Um den Cashflow effektiv zu überwachen, können verschiedene Techniken angewendet werden:

- **Cashflow-Prognosen**: Erstellen Sie regelmäßige Cashflow-Prognosen, um zukünftige Einnahmen und Ausgaben zu schätzen. Dies hilft Ihnen, potenzielle Engpässe frühzeitig zu erkennen und Maßnahmen zu ergreifen.

- **Liquiditätskennzahlen**: Verwenden Sie Kennzahlen wie den Liquiditätsgrad, um die Zahlungsfähigkeit Ihres Unternehmens zu bewerten. Der Liquiditätsgrad 1 (Barliquidität) misst das Verhältnis von liquiden Mitteln zu kurzfristigen Verbindlichkeiten.

- **Tägliche Überwachung**: Überwachen Sie täglich Ihre Kontostände und Zahlungsströme, um sicherzustellen, dass Sie jederzeit über genügend liquide Mittel verfügen.

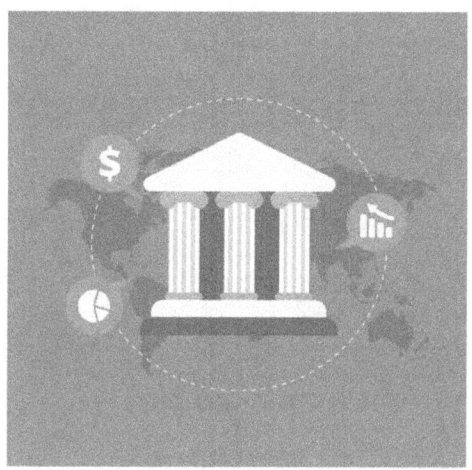

4.4 Strategien zur Optimierung des Cashflows

Es gibt verschiedene Strategien, um den Cashflow zu optimieren und die Liquidität Ihres Studios zu verbessern:

- **Rechnungsstellung und Zahlungsbedingungen**: Stellen Sie sicher, dass Sie Ihre Rechnungen zeitnah stellen und klare Zahlungsbedingungen festlegen. Bieten Sie Anreize für frühzeitige Zahlungen, z.B. durch Skonti.

- **Kostenmanagement**: Überwachen und kontrollieren Sie Ihre Ausgaben, um unnötige Kosten zu vermeiden. Verhandeln Sie mit Lieferanten, um bessere Konditionen zu erhalten.

- **Lagerbestände optimieren**: Halten Sie Ihre Lagerbestände auf einem optimalen Niveau, um Kapitalbindung zu vermeiden. Überprüfen Sie regelmäßig Ihre Bestände und passen Sie Ihre Bestellungen entsprechend an.

4.5 Finanzierungsmöglichkeiten zur Sicherstellung der Liquidität

Wenn Ihr Studio vorübergehend nicht über genügend liquide Mittel verfügt, gibt es verschiedene Finanzierungsmöglichkeiten, um die Liquidität sicherzustellen:

- **Kontokorrentkredit**: Ein Kontokorrentkredit ist eine flexible Kreditlinie, die es Ihnen ermöglicht, kurzfristige Liquiditätsengpässe zu überbrücken. Die Zinsen sind in der Regel höher als bei anderen Kreditformen, aber die Flexibilität kann in Notfällen hilfreich sein.

- **Factoring**: Beim Factoring verkaufen Sie Ihre Forderungen an ein Factoring-Unternehmen, das Ihnen sofort einen Großteil des Rechnungsbetrags auszahlt. Dies verbessert Ihre Liquidität und reduziert das Risiko von Zahlungsausfällen.

- **Leasing**: Leasing kann eine Alternative zur Finanzierung von Investitionen sein, ohne die Liquidität zu belasten. Anstatt große Anschaffungskosten auf einmal zu zahlen, leisten Sie regelmäßige Leasingraten.

4.6 Risikomanagement im Liquiditätsbereich

Ein effektives Risikomanagement ist entscheidend, um finanzielle Engpässe zu vermeiden und die Liquidität Ihres Studios zu sichern:

- **Notfallreserven**: Bilden Sie finanzielle Reserven, um unerwartete Ausgaben oder Einnahmeausfälle abzufedern. Eine Faustregel ist, mindestens drei bis sechs Monate Betriebskosten als Reserve zu halten.

- **Versicherungen**: Schließen Sie relevante Versicherungen ab, um sich gegen finanzielle Risiken abzusichern. Dazu gehören z.B. Betriebshaftpflicht- und Ertragsausfallversicherungen.

- **Diversifikation der Einnahmequellen**: Diversifizieren Sie Ihre Einnahmequellen, um das Risiko von Einnahmeausfällen zu minimieren. Bieten Sie z.B. verschiedene Dienstleistungen und Produkte an.

4.7 Praktische Tipps zur Sicherstellung der Liquidität

Hier sind einige praktische Tipps, die Ihnen helfen können, die Liquidität Ihres Studios sicherzustellen:

- **Regelmäßige Überprüfung**: Überprüfen Sie regelmäßig Ihre Liquiditätssituation und passen Sie Ihre Strategien bei Bedarf an.

- **Effiziente Buchhaltung**: Führen Sie eine effiziente Buchhaltung, um jederzeit einen Überblick über Ihre finanzielle Lage zu haben. Nutzen Sie Buchhaltungssoftware, um Ihre Finanzen zu verwalten und Berichte zu erstellen.

- **Frühzeitige Maßnahmen**: Ergreifen Sie frühzeitig Maßnahmen, wenn Sie einen Liquiditätsengpass erwarten. Sprechen Sie z.B. mit Ihrer Bank über mögliche Finanzierungslösungen oder verhandeln Sie mit Lieferanten über längere Zahlungsziele.

Zusammenfassung

Ein effektives Liquiditätsmanagement ist entscheidend für den finanziellen Erfolg Ihres Kosmetik- oder Nagelstudios. Durch die Überwachung und Optimierung des Cashflows, die Nutzung geeigneter Finanzierungsmöglichkeiten und ein effektives

Risikomanagement können Sie sicherstellen, dass Ihr Studio jederzeit zahlungsfähig bleibt und finanzielle Engpässe vermieden werden. In den folgenden Kapiteln werden wir tiefer in spezifische Themen eintauchen und Ihnen weitere praktische Werkzeuge und Techniken an die Hand geben, um Ihre finanziellen Ziele zu erreichen.

Kapitel 5

Finanzierungsmöglichkeiten

Einführung

Die Sicherstellung der Liquidität und die Finanzierung von Investitionen sind entscheidende Aspekte des Finanzmanagements für Kosmetik- und Nagelstudios. In diesem Kapitel werden wir verschiedene Finanzierungsmöglichkeiten untersuchen, die Ihnen helfen können, finanzielle Engpässe zu überbrücken und langfristige Investitionen zu tätigen. Wir werden die Vor- und Nachteile jeder Option erläutern und praktische Tipps zur Auswahl der besten Finanzierungsmöglichkeit für Ihr Studio geben.

5.1 Eigenfinanzierung

Eigenfinanzierung bedeutet, dass das Kapital aus den eigenen Mitteln des Unternehmens oder der Eigentümer stammt. Dies kann durch die Reinvestition von Gewinnen oder durch zusätzliche Einlagen der Eigentümer erfolgen.

- **Vorteile**:
    - Keine Zinszahlungen oder Rückzahlungsverpflichtungen.
    - Erhöhte Unabhängigkeit und Kontrolle über das Unternehmen.
    - Stärkung des Eigenkapitals und Verbesserung der Bonität.

- **Nachteile**:
    - Begrenzte Mittel, abhängig von den verfügbaren Ressourcen.
    - Risiko der persönlichen finanziellen Belastung der Eigentümer.

5.2 Fremdfinanzierung

Fremdfinanzierung bedeutet, dass das Kapital von externen Quellen, wie Banken oder Investoren, geliehen wird. Dies kann durch Kredite, Darlehen oder Anleihen erfolgen.

- **Vorteile**:
    - Zugang zu größeren Kapitalbeträgen.
    - Möglichkeit, Investitionen zu tätigen, ohne das Eigenkapital zu belasten.
    - Steuerliche Vorteile durch Abzugsfähigkeit der Zinszahlungen.

- **Nachteile**:
    - Zinszahlungen und Rückzahlungsverpflichtungen.
    - Erhöhtes finanzielles Risiko und Abhängigkeit von externen Gläubigern.
    - Mögliche Einschränkungen durch Kreditbedingungen und -auflagen.

5.3 Kontokorrentkredit

Ein Kontokorrentkredit ist eine flexible Kreditlinie, die es Ihnen ermöglicht, kurzfristige Liquiditätsengpässe zu überbrücken. Sie können bis zu einem vereinbarten Kreditlimit überziehen und zahlen nur Zinsen auf den tatsächlich in Anspruch genommenen Betrag.

- **Vorteile**:
    - Hohe Flexibilität und schnelle Verfügbarkeit von Mitteln.
    - Zinsen nur auf den tatsächlich genutzten Betrag.
    - Keine festen Rückzahlungsraten.

- **Nachteile**:
    - Höhere Zinsen im Vergleich zu anderen Kreditformen.
    - Risiko der Überziehung und Verschuldung.

5.4 Leasing

Leasing ist eine Finanzierungsmöglichkeit, bei der Sie Vermögenswerte, wie z.B. Geräte oder Fahrzeuge, mieten, anstatt sie zu kaufen. Dies kann eine attraktive Option sein, um Investitionen zu tätigen, ohne die Liquidität zu belasten.

- **Vorteile**:
    - Keine hohen Anschaffungskosten.
    - Regelmäßige, planbare Leasingraten.
    - Möglichkeit, regelmäßig auf neueste Technologien zuzugreifen.

- **Nachteile**:
    - Langfristige Verpflichtungen durch Leasingverträge.
    - Höhere Gesamtkosten im Vergleich zum Kauf.
    - Keine Eigentumsrechte an den geleasten Vermögenswerten.

5.5 Factoring

Beim Factoring verkaufen Sie Ihre Forderungen an ein Factoring-Unternehmen, das Ihnen sofort einen Großteil des Rechnungsbetrags auszahlt. Dies verbessert Ihre Liquidität und reduziert das Risiko von Zahlungsausfällen.

- **Vorteile**:
    - Sofortige Liquidität durch den Verkauf von Forderungen.
    - Reduzierung des Risikos von Zahlungsausfällen.
    - Verbesserung des Cashflows.

- **Nachteile**:
    - Kosten für die Factoring-Dienstleistungen.
    - Abhängigkeit von Factoring-Unternehmen.
    - Mögliche negative Auswirkungen auf die Kundenbeziehungen.

5.6 Fördermittel und Zuschüsse

Es gibt verschiedene staatliche und private Förderprogramme, die speziell für kleine und mittlere Unternehmen in der Beautybranche entwickelt wurden. Diese können in Form von Zuschüssen, zinsgünstigen Darlehen oder Steuervergünstigungen gewährt werden.

- **Vorteile**:
    - Günstige Finanzierungsmöglichkeiten.
    - Unterstützung bei Investitionen und Innovationen.
    - Keine oder geringe Rückzahlungsverpflichtungen bei Zuschüssen.

- **Nachteile**:
    - Aufwendige Antragsverfahren und Bürokratie.
    - Strenge Anforderungen und Bedingungen.

- Begrenzte Verfügbarkeit und Konkurrenz um Fördermittel.

5.7 Crowdfunding

Crowdfunding ist eine moderne Finanzierungsmethode, bei der viele kleine Investoren über Online-Plattformen Kapital bereitstellen. Dies kann eine attraktive Option sein, um neue Projekte oder Expansionen zu finanzieren.

- **Vorteile**:
    - Zugang zu einer breiten Investorenbasis.
    - Möglichkeit, innovative Projekte zu finanzieren.
    - Marketingeffekt durch die Crowdfunding-Kampagne.

- **Nachteile**:
    - Unsicherheit über den Erfolg der Kampagne.
    - Hoher Aufwand für die Erstellung und Verwaltung der Kampagne.
    - Mögliche Abhängigkeit von den Investoren.

5.8 Auswahl der besten Finanzierungsmöglichkeit

Die Auswahl der besten Finanzierungsmöglichkeit hängt von verschiedenen Faktoren ab, wie z.B. dem Finanzierungsbedarf, der finanziellen Situation des Unternehmens und den langfristigen

Zielen. Hier sind einige praktische Tipps zur Auswahl der besten Finanzierungsmöglichkeit:

- **Bedarf analysieren**: Analysieren Sie Ihren Finanzierungsbedarf und bestimmen Sie, wie viel Kapital Sie benötigen und wofür es verwendet werden soll.

- **Optionen vergleichen**: Vergleichen Sie die verschiedenen Finanzierungsmöglichkeiten und bewerten Sie deren Vor- und Nachteile.

- **Kosten berücksichtigen**: Berücksichtigen Sie die Gesamtkosten der Finanzierung, einschließlich Zinsen, Gebühren und sonstiger Kosten.

- **Risikomanagement**: Bewerten Sie die Risiken jeder Finanzierungsmöglichkeit und wählen Sie die Option, die am besten zu Ihrer Risikobereitschaft passt.

- **Professionelle Beratung**: Ziehen Sie in Erwägung, einen Finanzberater oder Buchhalter zu konsultieren, um die beste Finanzierungsmöglichkeit für Ihr Studio zu finden.

Zusammenfassung

Die Sicherstellung der Liquidität und die Finanzierung von Investitionen sind entscheidende Aspekte des Finanzmanagements für Kosmetik- und Nagelstudios. Durch die Nutzung geeigneter Finanzierungsmöglichkeiten, wie Eigen- und Fremdfinanzierung, Kontokorrentkredite, Leasing, Factoring, Fördermittel und Crowdfunding, können Sie finanzielle Engpässe überbrücken und langfristige Investitionen tätigen

Kapitel 7

STEUERN UND RECHTLICHE ASPEKTE

Einführung

Steuern und rechtliche Aspekte sind wesentliche Bestandteile des Finanzmanagements für Kosmetik- und Nagelstudios. Ein gutes Verständnis dieser Bereiche hilft Ihnen, gesetzliche Anforderungen zu erfüllen, finanzielle Risiken zu minimieren und Ihr Studio erfolgreich zu führen. In diesem Kapitel werden wir die wichtigsten steuerlichen Pflichten und rechtlichen Rahmenbedingungen erläutern, die für Ihr Studio relevant sind, und praktische Tipps zur Einhaltung dieser Vorschriften geben.

7.1 Steuerliche Pflichten

Als Inhaber eines Kosmetik- oder Nagelstudios haben Sie verschiedene steuerliche Pflichten, die Sie erfüllen müssen. Hier sind einige der wichtigsten Steuerarten, die für Ihr Studio relevant sein können:

- **Einkommensteuer**: Als Selbstständiger müssen Sie Einkommensteuer auf Ihren Gewinn zahlen. Der Gewinn wird durch Abzug der Betriebsausgaben von den Betriebseinnahmen ermittelt.

- **Umsatzsteuer**: Die meisten Dienstleistungen und Produkte, die Sie in Ihrem Studio anbieten, unterliegen der Umsatzsteuer. Sie müssen regelmäßig Umsatzsteuervoranmeldungen einreichen und die Umsatzsteuer an das Finanzamt abführen.

- **Gewerbesteuer**: Wenn Ihr Studio einen bestimmten Gewinn überschreitet, müssen Sie Gewerbesteuer zahlen. Die Höhe der Gewerbesteuer hängt vom Gewerbesteuerhebesatz Ihrer Gemeinde ab.

- **Lohnsteuer**: Wenn Sie Mitarbeiter beschäftigen, müssen Sie Lohnsteuer einbehalten und an das Finanzamt abführen. Dies umfasst auch Sozialversicherungsbeiträge wie Kranken-, Renten-, Arbeitslosen- und Pflegeversicherung.

7.2 Steuerliche Vorteile und Abzüge

Es gibt verschiedene steuerliche Vorteile und Abzüge, die Sie nutzen können, um Ihre Steuerlast zu minimieren:

- **Betriebsausgaben**: Alle Ausgaben, die direkt mit dem Betrieb Ihres Studios zusammenhängen, können als Betriebsausgaben abgezogen werden. Dazu gehören Miete, Gehälter, Verbrauchsmaterialien, Marketingkosten und vieles mehr.

- **Investitionsabzugsbetrag**: Kleine und mittlere Unternehmen können unter bestimmten Voraussetzungen einen Investitionsabzugsbetrag geltend machen, um zukünftige Investitionen steuerlich zu begünstigen.

- **Abschreibungen**: Investitionen in langlebige Wirtschaftsgüter, wie z.B. Geräte oder Fahrzeuge, können über mehrere Jahre abgeschrieben werden. Dies reduziert Ihre Steuerlast in den Jahren, in denen die Abschreibungen vorgenommen werden.

7.3 Rechtliche Rahmenbedingungen

Neben den steuerlichen Pflichten gibt es verschiedene rechtliche Rahmenbedingungen, die Sie als Inhaber eines Kosmetik- oder Nagelstudios beachten müssen:

- **Gewerbeanmeldung**: Bevor Sie Ihr Studio eröffnen, müssen Sie ein Gewerbe anmelden. Dies erfolgt in der Regel beim zuständigen Gewerbeamt Ihrer Gemeinde.

- **Berufszulassungen und Qualifikationen**: Je nach Art der angebotenen Dienstleistungen können bestimmte Berufszulassungen und Qualifikationen erforderlich sein. Informieren Sie sich über die gesetzlichen Anforderungen und stellen Sie sicher, dass Sie und Ihre Mitarbeiter die erforderlichen Qualifikationen besitzen.

- **Hygienevorschriften**: Kosmetik- und Nagelstudios unterliegen strengen Hygienevorschriften, um die Gesundheit und Sicherheit der Kunden zu gewährleisten. Stellen Sie sicher, dass Sie alle relevanten Vorschriften einhalten und regelmäßige Schulungen für Ihr Personal durchführen.

7.4 Verträge und Vereinbarungen

Verträge und Vereinbarungen sind ein wichtiger Bestandteil des rechtlichen Rahmens Ihres Studios. Hier sind einige der wichtigsten Verträge, die Sie benötigen:

- **Mietvertrag**: Wenn Sie Räumlichkeiten für Ihr Studio mieten, benötigen Sie einen Mietvertrag. Stellen Sie sicher, dass der Vertrag alle wichtigen Bedingungen, wie Mietdauer, Mietpreis und Kündigungsfristen, enthält.

- **Arbeitsverträge**: Wenn Sie Mitarbeiter beschäftigen, benötigen Sie Arbeitsverträge. Diese sollten alle wichtigen Bedingungen, wie Arbeitszeit, Gehalt, Urlaub und Kündigungsfristen, enthalten.

- **Dienstleistungsverträge**: Wenn Sie Dienstleistungen von externen Anbietern in Anspruch nehmen, wie z.B. Reinigungsdienste oder Marketingagenturen, benötigen Sie Dienstleistungsverträge. Diese sollten alle wichtigen Bedingungen, wie Leistungsumfang, Vergütung und Kündigungsfristen, enthalten.

7.5 Datenschutz und Datensicherheit

Der Schutz personenbezogener Daten ist ein wichtiger rechtlicher Aspekt, den Sie beachten müssen. Hier sind einige der wichtigsten Anforderungen:

- **Datenschutz-Grundverordnung (DSGVO)**: Die DSGVO legt strenge Anforderungen an den Schutz personenbezogener Daten fest. Stellen Sie sicher, dass Sie alle relevanten Vorschriften einhalten und geeignete Maßnahmen zum Schutz der Daten Ihrer Kunden und Mitarbeiter ergreifen.

- **Datensicherheitsmaßnahmen**: Implementieren Sie geeignete technische und organisatorische Maßnahmen, um die Sicherheit der Daten zu gewährleisten. Dazu gehören z.B. regelmäßige Backups, Verschlüsselung und Zugangskontrollen.

7.6 Versicherungen

Versicherungen sind ein wichtiger Bestandteil des Risikomanagements für Ihr Studio. Hier sind einige der wichtigsten Versicherungen, die Sie in Betracht ziehen sollten:

- **Betriebshaftpflichtversicherung**: Diese Versicherung schützt Sie vor Schadensersatzansprüchen Dritter, die durch Ihre Geschäftstätigkeit entstehen können.

- **Berufshaftpflichtversicherung**: Diese Versicherung schützt Sie vor Schadensersatzansprüchen, die durch berufliche Fehler oder Versäumnisse entstehen können.

- **Inhaltsversicherung**: Diese Versicherung schützt Ihre Geschäftsausstattung und Vorräte vor Schäden durch Feuer,

Einbruch, Vandalismus und andere Gefahren.

- **Ertragsausfallversicherung**: Diese Versicherung schützt Sie vor finanziellen Verlusten, die durch Betriebsunterbrechungen entstehen können.

7.7 Praktische Tipps zur Einhaltung der Vorschriften

Hier sind einige praktische Tipps, die Ihnen helfen können, die steuerlichen und rechtlichen Vorschriften einzuhalten:

- **Regelmäßige Überprüfung**: Überprüfen Sie regelmäßig Ihre steuerlichen und rechtlichen Pflichten, um sicherzustellen, dass Sie alle Vorschriften einhalten.

- **Dokumentation**: Führen Sie eine sorgfältige Dokumentation aller relevanten Unterlagen, wie z.B. Steuererklärungen, Verträge und Versicherungsnachweise.

- **Schulungen und Weiterbildung**: Schulen Sie sich und Ihr Personal regelmäßig in den Bereichen Steuern, Recht und Datenschutz. Gut geschultes Personal kann einen großen Beitrag zur Einhaltung der Vorschriften leisten.

- **Professionelle Hilfe**: Ziehen Sie in Erwägung, einen Steuerberater oder Rechtsanwalt zu konsultieren, um sicherzustellen, dass Sie alle Vorschriften einhalten und rechtliche Risiken minimieren.

Zusammenfassung

Steuern und rechtliche Aspekte sind wesentliche Bestandteile des Finanzmanagements für

Kosmetik- und Nagelstudios. Durch die Einhaltung der steuerlichen Pflichten, die Beachtung der rechtlichen Rahmenbedingungen und den Schutz personenbezogener Daten können Sie finanzielle Risiken minimieren und Ihr Studio erfolgreich führen.

Kapitel 8

Strategische Planung und Wachstum

Einführung

Strategische Planung und Wachstum sind entscheidend für den langfristigen Erfolg eines Kosmetik- oder Nagelstudios. In diesem Kapitel werden wir die Grundlagen der strategischen Planung erläutern, verschiedene Wachstumsstrategien vorstellen und praktische Tipps zur Umsetzung dieser Strategien geben. Ziel ist es, Ihnen zu helfen, Ihr Studio nachhaltig zu entwickeln und Ihre Geschäftsziele zu erreichen.

8.1 Die Bedeutung der strategischen Planung

Strategische Planung ist der Prozess der Festlegung langfristiger Ziele und der Entwicklung von Plänen zur Erreichung dieser Ziele. Eine gut durchdachte strategische Planung hilft Ihnen, Ihre Ressourcen effizient zu nutzen, auf Veränderungen im Markt zu reagieren und Ihr Studio auf Erfolgskurs zu halten.

8.2 Schritte der strategischen Planung

Die strategische Planung kann in mehrere Schritte unterteilt werden:

1. **Situationsanalyse**: Analysieren Sie die aktuelle Situation Ihres Studios, einschließlich der Stärken, Schwächen, Chancen und Risiken (**SWOT**-Analyse). Berücksichtigen Sie dabei interne und externe Faktoren, die Ihr Geschäft beeinflussen.

2. **Zielsetzung**: Definieren Sie klare, messbare und erreichbare Ziele für Ihr Studio. Diese Ziele sollten sowohl kurzfristige als auch langfristige Aspekte abdecken.

3. **Strategieentwicklung**: Entwickeln Sie Strategien zur Erreichung Ihrer Ziele. Berücksichtigen Sie dabei verschiedene Wachstumsstrategien, wie z.B. Marktdurchdringung, Marktentwicklung, Produktentwicklung und Diversifikation.

4. **Umsetzungsplanung**: Erstellen Sie detaillierte Pläne zur Umsetzung Ihrer Strategien. Definieren Sie konkrete Maßnahmen, Verantwortlichkeiten und Zeitpläne.

5. **Überwachung und Anpassung**: Überwachen Sie regelmäßig den Fortschritt Ihrer Pläne und passen Sie Ihre Strategien bei Bedarf an, um auf Veränderungen zu reagieren.

8.3 Wachstumsstrategien

Es gibt verschiedene Wachstumsstrategien, die Sie anwenden können, um Ihr Studio zu entwickeln und zu expandieren:

- **Marktdurchdringung**: Erhöhen Sie Ihren Marktanteil, indem Sie bestehende Kunden binden und neue Kunden gewinnen. Dies kann durch Marketingmaßnahmen, Kundenbindungsprogramme und die Verbesserung des Kundenservice erreicht werden.

- **Marktentwicklung**: Erschließen Sie neue Märkte, indem Sie Ihre Dienstleistungen und Produkte in neuen geografischen Regionen oder Zielgruppen anbieten. Dies kann durch die Eröffnung neuer Filialen oder die Zusammenarbeit mit Partnern vor Ort erfolgen.

- **Produktentwicklung**: Entwickeln Sie neue Dienstleistungen und Produkte, um den Bedürfnissen Ihrer Kunden besser gerecht zu werden. Dies kann durch die Einführung neuer Behandlungen, die Erweiterung Ihres Produktangebots oder die Anpassung bestehender Dienstleistungen erfolgen.

- **Diversifikation**: Diversifizieren Sie Ihr Geschäft, indem Sie in neue Geschäftsfelder investieren. Dies kann durch die Einführung neuer Geschäftsmodelle, die Zusammenarbeit mit anderen Unternehmen oder die Erschließung neuer Einnahmequellen erfolgen.

8.4 Umsetzung der Wachstumsstrategien

Die erfolgreiche Umsetzung von Wachstumsstrategien erfordert eine sorgfältige Planung und Organisation. Hier sind einige praktische Tipps zur Umsetzung Ihrer Strategien:

- **Ressourcenplanung**: Stellen Sie sicher, dass Sie über die notwendigen Ressourcen verfügen, um Ihre Wachstumsstrategien umzusetzen. Dazu gehören finanzielle Mittel, Personal, Ausrüstung und Zeit.

- **Mitarbeitereinbindung**: Binden Sie Ihre Mitarbeiter in den Planungs- und Umsetzungsprozess ein. Kommunizieren Sie klar Ihre Ziele und Strategien und motivieren Sie Ihr Team, aktiv zum Erfolg beizutragen.

- **Kontinuierliche Verbesserung**: Überwachen Sie regelmäßig den Fortschritt Ihrer Wachstumsstrategien und suchen Sie nach Möglichkeiten zur Verbesserung. Seien Sie flexibel und bereit, Ihre Pläne anzupassen, um auf Veränderungen im Markt zu reagieren.

8.5 Risikomanagement

Wachstumsstrategien sind mit Risiken verbunden, die sorgfältig gemanagt werden müssen. Hier sind einige Tipps zum Risikomanagement:

- **Risikobewertung**: Identifizieren und bewerten Sie die potenziellen Risiken, die mit Ihren Wachstumsstrategien verbunden sind. Berücksichtigen Sie dabei sowohl interne als auch externe Faktoren.

- **Risikominderung**: Entwickeln Sie Maßnahmen zur Minderung der identifizierten Risiken. Dies kann durch die Diversifikation Ihrer Einnahmequellen, die Absicherung durch Versicherungen oder die Implementierung von Notfallplänen erfolgen.

- **Überwachung und Anpassung**: Überwachen Sie regelmäßig die Risiken und passen Sie Ihre Strategien bei Bedarf an, um auf Veränderungen zu reagieren.

8.6 Erfolgsfaktoren für nachhaltiges Wachstum

Nachhaltiges Wachstum erfordert die Berücksichtigung verschiedener Erfolgsfaktoren. Hier sind einige der wichtigsten Faktoren, die Sie beachten sollten:

- **Kundenzufriedenheit**: Stellen Sie sicher, dass Ihre Kunden mit Ihren Dienstleistungen und Produkten zufrieden sind. Zufriedene Kunden kommen eher wieder und empfehlen Ihr Studio weiter.

- **Innovation**: Seien Sie innovativ und offen für neue Ideen. Entwickeln Sie kontinuierlich neue Dienstleistungen und Produkte, um den Bedürfnissen Ihrer Kunden gerecht zu werden.

- **Effizienz**: Optimieren Sie Ihre Arbeitsabläufe und Prozesse, um die Effizienz zu steigern und Kosten zu senken. Dies kann durch Schulungen für Ihre Mitarbeiter, die Einführung neuer Technologien oder die Verbesserung Ihrer Betriebsabläufe erfolgen.

- **Nachhaltigkeit**: Berücksichtigen Sie ökologische und soziale Aspekte in Ihrer Geschäftstätigkeit. Nachhaltigkeit kann ein wichtiger Wettbewerbsvorteil sein und das Image Ihres Studios verbessern.

8.7 Praktische Tipps zur strategischen Planung und Wachstum

Hier sind einige praktische Tipps, die Ihnen helfen können, Ihre strategische Planung und Wachstumsstrategien erfolgreich umzusetzen:

- **Regelmäßige Überprüfung**: Überprüfen Sie regelmäßig Ihre strategischen Pläne und Wachstumsstrategien, um sicherzustellen, dass Sie auf dem richtigen Weg sind und frühzeitig auf Veränderungen reagieren können.

- **Netzwerken**: Bauen Sie ein starkes Netzwerk von Geschäftspartnern, Lieferanten und Kunden auf. Ein gutes Netzwerk kann Ihnen helfen, neue Geschäftsmöglichkeiten zu identifizieren und Ihre Wachstumsstrategien erfolgreich umzusetzen.

- **Weiterbildung**: Schulen Sie sich und Ihr Personal regelmäßig in den Bereichen strategische Planung, Marketing und Management. Gut geschultes Personal kann einen großen Beitrag zum Erfolg Ihres Studios leisten.

- **Feedback einholen**: Holen Sie regelmäßig Feedback von Ihren Kunden und Mitarbeitern ein, um Verbesserungspotenziale zu identifizieren und Ihre Strategien anzupassen.

Zusammenfassung

Strategische Planung und Wachstum sind entscheidend für den langfristigen Erfolg Ihres Kosmetik- oder Nagelstudios. Durch die Entwicklung und Umsetzung geeigneter Wachstumsstrategien, die Berücksichtigung wichtiger Erfolgsfaktoren und ein effektives Risikomanagement können Sie Ihr Studio nachhaltig entwickeln und Ihre Geschäftsziele erreichen.

Schlusswort

Einführung

Das Schlusswort bietet die Gelegenheit, die wichtigsten Erkenntnisse und Empfehlungen aus dem Leitfaden zusammenzufassen und einen Ausblick auf die zukünftige Entwicklung Ihres Kosmetik- oder Nagelstudios zu geben. Es dient als abschließender Reflexionspunkt und motiviert Sie, die erlernten Konzepte und Strategien in die Praxis umzusetzen.

Bedeutung der Umsetzung

Die in diesem Leitfaden vorgestellten Konzepte und Strategien sind nur dann wertvoll, wenn sie in die Praxis umgesetzt werden. Hier sind einige praktische Schritte, die Sie unternehmen können, um die erlernten Inhalte erfolgreich anzuwenden:

- **Regelmäßige Überprüfung und Anpassung**: Überprüfen Sie regelmäßig Ihre finanziellen Daten und Strategien und passen Sie diese bei Bedarf an, um auf Veränderungen im Markt zu reagieren.

- **Schulung und Weiterbildung**: Schulen Sie sich und Ihr Personal regelmäßig in den Bereichen Finanzmanagement, Marketing und Kundenservice. Gut geschultes Personal kann einen großen Beitrag zum Erfolg Ihres Studios leisten.

- **Netzwerken und Zusammenarbeit**: Bauen Sie ein starkes Netzwerk von Geschäftspartnern, Lieferanten und Kunden auf. Ein gutes Netzwerk kann Ihnen helfen, neue Geschäftsmöglichkeiten zu identifizieren und Ihre Wachstumsstrategien erfolgreich umzusetzen.

- **Feedback einholen**: Holen Sie regelmäßig Feedback von Ihren Kunden und

Mitarbeitern ein, um Verbesserungspotenziale zu identifizieren und Ihre Strategien anzupassen.

Ausblick auf die Zukunft

Die Beauty-Branche ist dynamisch und ständig im Wandel. Um langfristig erfolgreich zu sein, müssen Sie flexibel und anpassungsfähig bleiben. Hier sind einige Trends und Entwicklungen, die Sie im Auge behalten sollten:

- **Technologische Innovationen**: Neue Technologien, wie z.B. digitale Buchungssysteme, Online-Marketing-Tools und innovative Behandlungsmethoden, können Ihnen helfen, Ihre Effizienz zu steigern und Ihren Kundenservice zu verbessern.

- **Nachhaltigkeit und Umweltbewusstsein**: Immer mehr Kunden legen Wert auf Nachhaltigkeit und umweltfreundliche Produkte. Berücksichtigen Sie ökologische und soziale Aspekte in Ihrer Geschäftstätigkeit, um sich von der Konkurrenz abzuheben.

- **Personalisierung und Kundenerlebnis**: Kunden erwarten zunehmend personalisierte Dienstleistungen und ein herausragendes Kundenerlebnis. Nutzen Sie Daten und Feedback, um die Bedürfnisse Ihrer Kunden besser zu verstehen und maßgeschneiderte Lösungen anzubieten.

- **Weiterbildung und Qualifikation**: Die Anforderungen und Erwartungen in der Beauty-Branche ändern sich ständig. Investieren Sie in die Weiterbildung und Qualifikation Ihres Personals, um stets auf dem neuesten Stand zu bleiben und hochwertige Dienstleistungen anzubieten.

Schlussgedanken

Das Finanzmanagement ist ein komplexes und vielschichtiges Thema, das eine sorgfältige Planung und Organisation erfordert. Mit den in diesem Leitfaden vorgestellten Konzepten und Strategien sind Sie gut gerüstet, um die finanziellen Herausforderungen Ihres Studios zu meistern und langfristigen Erfolg zu erzielen. Denken Sie daran, dass der Schlüssel zum Erfolg in der kontinuierlichen Verbesserung und Anpassung liegt. Nutzen Sie die erlernten Inhalte, um Ihr Studio nachhaltig zu entwickeln und Ihre Geschäftsziele zu erreichen.

Zusammenfassung

Das Schlusswort fasst die wichtigsten Erkenntnisse und Empfehlungen aus dem Leitfaden zusammen und bietet einen Ausblick auf die zukünftige Entwicklung Ihres Kosmetik- oder Nagelstudios. Durch die Umsetzung der erlernten Konzepte und

Strategien, die Berücksichtigung aktueller Trends und Entwicklungen und die kontinuierliche Verbesserung Ihrer Geschäftstätigkeit können Sie langfristigen Erfolg erzielen und Ihr Studio erfolgreich führen.

Über die Autorin

Laura Dorsch ist eine erfahrene Beauty-Professional mit jahrelanger Erfahrung in der Branche. Mit fundiertem Wissen und praxisnahen Ratschlägen unterstützt sie Beauty-Profis dabei, ihre finanziellen Ziele zu erreichen und ihr Geschäft erfolgreich zu führen.